18

CESARE PAVESE

Cartas de desamor

TASCABILI

altamarea

Primera edición en esta colección: enero de 2024

© Herederos de Cesare Pavese
© de la presente edición: Altamarea Ediciones
© de la traducción: Carlos Clavería Laguarda

Diseño de la colección: Sara Maroto Hebrero
Corrección: Cristina Pérez
Maquetación: Barba Fernández

ISBN: 978-84-19583-50-5
DL: M-33011-2023

Impreso en España por Estugraf en noviembre de 2023

CESARE PAVESE

Cartas de desamor

Traducción y edición
de Carlos Clavería Laguarda

CARLOS CLAVERÍA LAGUARDA

Presentación

Ha sido siempre amor equivocado,
no ausencia de amor.

Cesare Pavese (1908-1950) tuvo lo que hoy llamamos una vida amorosa complicada. Tuvo también una vida sexual, una social y otra profesional también complicadas.

Esta selección de cartas no se hace para leer a Pavese con los ojos de hoy, ni para juzgar su relación con las mujeres y con el amor con baremos actuales; tampoco se hace para revisar ideas que hoy consideramos universales y Pavese consideraba cuestiones personales: «Uno es lo que es, no lo que hace; el verdadero hecho moral está en el ser de acuerdo a como se es», escribió en su diario.

Es sabido que fue severo, tosco y refunfuñón como corresponsal editorial, que las disfunciones sexuales le arruinaron la vida de amante, que en la misantropía general que profesaba tuvo cabida una misantropía particular gravísima llamada misoginia, la cual se agudizaba y se hacía más personal y dolorosa a medida que la disfunción sexual y la hosquedad del carácter lo alejaban de un objetivo reconocido a regañadientes: conseguir enamorar a alguien, tener una familia. En definitiva, Pavese era (entre otras muchas cosas) un impertinente con ganas de amar impertinente y especialmente, un compañero irritante que se hacía querer porque irritaba con sentido, tanto que —llegada a Roma la noticia de su muerte— un trabajador de Einaudi exclamaba con el retraso en el juicio que provocan siempre las personas conflictivas: «No era consciente de quererlo tanto», escribió Carlo Muscetta el 1 de septiembre de 1950. Pavese llamaba cariñosamente «Mus» (rata, en latín) a Muscetta. Moravia y Pasolini, más adelante, cuando se publicó en 1952 *El oficio de vivir,* dijeron algo parecido a «no era consciente de odiarlo tanto»; y es que los gustos se hicieron para los colores.

Nadie desconoce que Pavese era aburrido, exigente, gruñón, implacable, irónico hasta hacer daño, y que despreciaba muchas cosas, a veces cosas que conocía, a veces otras que desconocía. También es sabido que en apenas quince años llevó a cabo una carrera literaria solidísima y variada, por este orden: poesía, traducciones, novelas, ensayo, diario. Se sabe asimismo que esta carrera literaria sólida la fabricó al arrimo de un trabajo intelectual y editorial muy serio que le permitió exclamar en 1940, cuando de su único libro publicado hasta la fecha (*Lavorare stanca*, 1936) se vendían solo unas decenas de ejemplares al año a pesar de ser ya un importante colaborador de Einaudi: «No soy ambicioso, soy orgulloso». Dicen quienes lo conocieron que, con las muchas horas dedicadas a contribuir a mantener Einaudi a flote con orgullo (incluso en tiempos de guerra mundial), intentaba llenar los huecos vitales que no consiguió llenar con una vida familiar que nunca tuvo. No formó una familia por incapacidad amorosa, sexual y por ausencia total de algo que, con los baremos de hoy, pparece fundamental, llaman «empatía» y a Pavese le parecía un freno a la hora de juzgar con inteligente distancia.

Las causas del suicidio de Pavese son muchas y dispares —él mismo afirmó que no basta con una sola razón para desafiar al destino— y quizá tengan que ver con todas las particularidades que se han citado, y con otras que se verán.

En 1966 se publicaron muchísimas cartas de Pavese en dos gruesos volúmenes. Algunas de ellas fueron enviadas a mujeres con las que tuvo relaciones profesionales o sentimentales. En algunos casos, fueron relaciones profesionales y sentimentales; en todos los casos aparece siempre el peculiar, difícil y (casi siempre) tortuoso concepto que tenía Pavese de la relación con las personas a las que admiraba, y con la gente de la que quería recibir muestras de amor. Las figuras de E. —compañera de claustro en una escuela de Piamonte—, de Fernanda Pivano —alumna de Pavese y luego colaboradora en Einaudi—, de Bianca Garufi —compañera de despacho en Einaudi y escritora luego—, de las hermanas Dowling —estrellas de cine— ponen a Pavese ante el espejo de la desfiguración, lo que no le impide al escritor aceptar el reto de mostrar con sinceridad total su hiriente modo de ver las cosas y los fracasos, sobre todos los propios, que consideraba infinitos. «¿Puedo decirte, amor mío, que no me he despertado nunca con una mujer al lado, que a quien he amado no me ha tomado nunca en serio, y que nunca he recibido la mirada de reconocimiento que una mujer dirige a un hombre?», escribió en 1950, pocos días después de alcanzar el éxito y la fama.

Esta selección de cartas es doblemente fragmentaria, no hemos querido copiar conjuntos de cartas con carácter orgánico: por ejemplo, todas las enviadas a Fernanda Pivano o a Bianca Garufi. Hemos intentado presentar a Pavese en un ambiente vital transversal, desde que era un veinteañero hasta el hombre amargado de pocos días antes de morir, desde la incomprensión con una maestra hasta la incomprensión mayúscula con una estrella mundial el día en que al escritor le concedieron el premio

Strega. El hilo conductor de esta selección ha sido el desamor, la sensación que parece sentir Pavese de predicar para sí, como si predicara en el desierto, la llegada de un ser anacrónico y lleno de defectos. Se ha pretendido desempolvar ideas incompatibles con la multitud, encontrar reflexiones incómodas y hoy anacrónicas que servían de base a sentimientos a la vez anacrónicos y hoy, en algunos casos, difícilmente compartibles. Si algunos veían en el amor una muestra de egoísmo, Pavese aclaraba las razones por las que el amor era la prueba más devastadora del mundo. Es devastador cuando pone al hombre frente a sí mismo y lo desnuda: «El amor tiene la virtud de desnudar no a los amantes uno enfrente del otro, sino a cada uno de los amantes delante de sí mismo». Si Calvino dijo que Pavese se suicidó para que nosotros aprendiéramos a vivir, este nos enseñó algo: no hay que hacer nunca daño a los demás (dicen que nunca dejó de ayudar a quien merecía la pena ser ayudado o ayudada), aunque eso nos cueste la vida: «Querida Fernanda, cuando se me rechaza en matrimonio, se tiene el deber —cuando menos— de resarcirme alcanzando un nivel cultural y dominarlo mucho mejor que yo. Que no le pase como a mí, que abrazaré a los cincuenta años a mi primer amor y los brazos caerán del cuello al pecho vacíos y exhaustos».

Cartas de desamor

He estado a disgusto todo el día por no haberte encontrado camino de Crevacuore.

E., qué fea es Turín. Y lo más triste de todo es que nos olvidaremos sin habernos conocido apenas. No sé qué ves en mí, pero yo adivino en ti un milagro de feminidad y de ternura que, del mismo modo que ha tomado forma en el recuerdo, poco a poco, durante el verano, ahora se desvanecerá con la misma calma en nuestras cartas. E., temo que los últimos días que pasamos en * —¿podrás olvidarlos?— hayan sido como una crisis, un punto máximo que no podremos superar. Esta idea me desespera ahora, pero ¿imaginas, E., el día que me dejará indiferente? No es la desesperación, el sufrimiento, lo que debe darnos miedo —esto no es nada; es más, puede hacer que el próximo encuentro sea más maravilloso—, sino el momento en el que ya no sufriremos, en el que dejará de importarnos; esto es lo más terrible.

Y pensar que deberemos alejarnos de aquí a poco, sin habernos casi conocido, sin haber tenido del otro sino una mirada, un beso en la mano, alguna caricia.

¿Qué te parece, E.? ¿Por qué tiemblas cuando estoy contigo? ¿Qué dicen tus ojos cuando me miras sonriendo y luego te pones seria, casi hostil, y luego vuelves a sonreír? Todo esto lo perderé sin haberlo conocido.

No sé llorar por amor, E. —lloro ante la injusticia, la crueldad, el dolor de un niño—, como tampoco puedo consagrarte lágrimas por el don inmenso que me has dado estos días. Lloraré quizás cuando recuerde —y será tarde— el tesoro de un amor desperdiciado de este modo en alguien que no merece la pena: y menos si sabes que lo deja morir así, sin siquiera conmoverse, sin intentar hacer algo para conservarlo, merecérselo.

Pero ¿qué podríamos hacer? Es inútil mentirse. En el amor son importantes el cuerpo y la sangre, cuenta la cercanía, la «vida», y nosotros debemos distanciarnos, debemos obrar con juicio, razonar, mientras que la razón nada vale frente a la vida.

Malgastas tu amor, E. Yo no sé si te amo si no estoy a tu lado, cerca, y me temo que esto quiera decir que no te amo tanto como tú lo deseas.

Pero un detalle me hará feliz, si no temiese que todo fuera para acabar con aquello: las tardes en * mirándonos a los ojos y acariciándonos. No lo olvidaré nunca. Haz, E., que todo esto no acabe aquí. Dame una oportunidad para amarte mejor, de serte más fiel cuando te pienso, más digno de ti.

Si me escribes, júrame que en Bra estaremos siempre juntos, sin cansarnos el uno del otro.

¿Cómo acabará todo esto, Elena? ¿Hay algo más absurdo que el amor? Si lo gozamos completamente, nos cansamos de inmediato, nos disgusta; si lo sublimamos para recordarlo sin remordimientos, llegará un día en que lamentaremos lo tontos que fuimos y la cobardía de no haberlo intentado. El amor pretende solo convertirse en costumbre, vida en común, dos en un cuerpo solo y, apenas lo consigue, muere. Si lo piensas, es para volverse loco. Es inútil, el amor es vida y la vida no acepta razonamientos. ¿Podemos abandonar lo nuestro así, a la desesperada? ¿Dónde acabaremos? No sé encontrar palabras reconfortantes que puedan ayudarte, solo recordarte el día en que muy juntos, en pie, parecía que a uno de los dos fueran a llevarlo al paredón cuando en realidad era todo una gran alegría. Recuérdame aquel instante, E., si me escribes, y háblame de cuándo nos veremos en Bra.

Te beso «así», como te gusta, aunque has sido mala por no aparecer camino de Crevacuore.

A E., Bra.
[Turín,] 14 de octubre de 1932

¡Oh, E.! ¡Nuestra hermosa amistad perdida! Ahora que ya no estás, sé que te he querido mucho todo este año. Soy un tontaina que quiere un poco a todo el mundo y se conmueve fácilmente pero que no quiere que se sepa y se hace el fuerte, pero soy o bien un mal muchacho o bien un gran hombre, aunque lo más probable es que sea un muchacho grande. Me he sentido siempre muy cerca de ti: nos entendíamos mejor que los demás, incluso cuando me tomabas el pelo o yo tenía la cabeza en otro sitio. Tú eras para mí bien una pobre mujer, bien una de *, bien una buena hermana y ahora —todo esto y aun más— un misterio.

Cuando ayer nos tocábamos la rodilla, pensaba en lo extraño de este destino que ha hecho que nos cruzáramos y que hiciéramos cosas tan habituales y tan especiales. ¡Pensar que podía encontrarme contigo, solo, y no intentar abrazarte y besarte! ¡Pensar que hemos pasado los últimos días con los mismos compañeros que estaban con nosotros cuando no nos «conocíamos»!

Al perder la compañía habitual en Bra he perdido algo más que simple compañía. Estaba acostumbrado a verte entre aquella gente, entre aquellas casas, en aquellas ocupaciones que son ya pasado, algo perdido para siempre. Pero será aún más triste para ti seguir viviendo en aquellos lugares que te recordarán el curso pasado.

No descuides la amistad con Manfredi, seguid juntas, reíd y acordaos de mí con frecuencia.

Yo, aquí, haré lo propio. Estudiaré y trabajaré para hacer de mi vida la mejor cosa y la más maravillosa que seré capaz de hacer. Por el momento, veo el porvenir un poco confusamente, pero no me asusta. He pasado momentos atroces en la vida, y aquí sigo.

E., aunque no volvieras a escribirme, no vinieras más a verme, «te olvidases de mí», yo no olvidaré jamás un detalle: que te he enseñado —te he impulsado— a besarme en la boca. He sentido, cuando te abrazaba, despertarse en ti una vida nueva, quién sabe si una vida que no conocías, pero que ahora te llenaba de estupor y de alegría. Y esto es mucho, E.

E., si vienes a verme te abrazaré de nuevo, seremos felices cuando estemos juntos, como en los pocos momentos furtivos en los que te robaba una mirada, una caricia o un pensamiento.

Escríbeme qué te pasa por la cabeza estos días, será como besarse.

A E.
[Turín, 23 de octubre de 1932]

Vendré, como he escrito a Manfredi, el viernes a la estación.

Lamento que hayas perdido el trabajo y —qué casualidad— ayer me encontré con un amigo que decía que le habían ofrecido el francés en una escuela pública de Bra. «Coj…, digo yo, en Bra sé quién está». «Coj…, dice él, esperaba ese trabajo para poder comer este invierno». Consuélate, pierdes el trabajo, pero lo ocupa un pobre parado que empieza a abrirse camino.

¿Y tú? ¿Sigues siendo la misma? Yo, en Turín, quiero que estemos un poco a solas. Con más razón si quieres «devolverme» todos esos besos, ¿qué hacemos con M.? Si no me dices nada antes del viernes, quedamos en que nos veremos el sábado por la mañana… ¡Shhhh! ¡No digas nada! Ven, basta.

¿Qué quieres saber de mí? ¿Que soy soberbio, estúpido, cobarde, un niño, un criminal en potencia, un seductor sin coraje, un literato ignorante, un delincuente arrepentido, un estúpido, estúpido, estúpido? Ojo, que lo digo todo sinceramente. Me consuela pensar que los demás son como yo, pero en tiempos tenía la esperanza de ser quién sabe cuán diferente del resto. Ahora sé que soy el bípedo común. Escribo poesía, claro, pero ¿has visto algo más inepto, inútil, ingenuo, trillado, mísero? Y también esto lo digo sinceramente. Hablo de política, pero ¿qué me importa, a la postre? No tengo convicciones, no tengo ingenio, no tengo cualidades, paso de la histeria a la idiocia. Si fuese, al menos, un buen comerciante, un operario, aunque para estos oficios soy completamente inútil. Y lo dicho, dicho seriamente.

¿Te ha gustado la monserga, E.? ¿Ves cómo Turín me vuelve un cínico de tres al cuarto? Esperemos que tú me cambies un poco, porque, si no, no sé cómo acabará esto.

A Fernanda Pivano, Turín
[Turín], 20 de octubre de 1940

ANÁLISIS AMOROSO DE F.:

Una joven que no conozca todavía el amor —seamos francos, el sexo— tiene un secreto que nadie, ni siquiera ella, puede penetrar. Es como un hombre que no haya conocido el peligro e ignore, por esta razón, cómo reaccionaría ante el miedo y ante el entusiasmo: es una castaña con cáscara.

Pero ¿es verdad que F. no conoce el «amor»? En verdad no conoce la última instancia, pero cierto conocimiento de la cuestión sí que demuestra, y con ello se adivinan detalles del dicho secreto.

De cuanto dice se aprecia un esfuerzo continuo, fatigoso, por imaginarse una existencia en la que el sexo no exista. Si fuera una normal y corriente muchacha *«en fleur»*, podría decirse que el suyo es solo el escalofrío anterior al salto, y aquí paz y después gloria. Pero F. no es una muchacha normal. Sobre todo, tiene una larga experiencia —¿deseada?— en cuestiones de amores sociales y, lo que más cuenta, se ha forjado una existencia en la que prevalece su sentido de la responsabilidad, en la que se asienta y hace y decide y se comporta de manera no pasiva. No hablo de la existencia «mundana» que a todas las jóvenes de su condición toca en suerte, sino de la organizativa, de la que selecciona gustos y actividades espirituales (deporte, música, clases) y de la afectiva (drama familiar).

En lo que dice hay una constante. De sí misma opina que está masculinizada, que al padre hay que internarlo; sostiene que entre el hombre y la mujer existe la amistad, reflexiona acerca de los casos amorosos ajenos con despreocupada sinceridad, critica la «feminidad». Todo esto no es desenvoltura de *fillette* por la razón de que, aunque ostentada, no excluye la tranquila confesión de otros detalles notables: «No tengo gatos porque sufriría mucho al perderlos»; «tres son los hombres que me han amado de verdad»; «soy frágil, maleable, y sé que alguien debe plasmarme. Este será el hombre», etcétera. Hay una seria y honesta compresión femenina en estas frases, no se pueden tomar simplemente como sentimentalismo de broma.

La más significativa de todas las confesiones es la de los gatos. Se aprecia en esta el intento —y una necesidad sincera— de crearse un «mito», visto que F. habla de quien la ha amado con idéntico tono al que utiliza para referirse a estas bestias. Bromea, naturalmente, pero las bromas —que son al mismo tiempo instantes de distensión y de *«routine»*— revelan más que las frases meditadas. A F. la aterroriza ligarse a una criatura.

Es cosa importante. De momento, se confirma que su *«shrinking»* no es una afectación sexual derivada de la virginidad, sino una dolorosa confesión de debilidad, de miedo a que para ella el amor signifique pérdida de asideros, sumersión no en lo desconocido (he aquí la cuestión) sino en el meditado, calculado, fantástico torbellino de la pasión. No habla así la voz de la inexperiencia, sino más bien la conciencia de la capacidad de ofrecer una dedicación absoluta. Como ella reconoce en el amor un valor altísimo, totalitario, tiembla ante la idea de caer en la trampa. Si F. fuera una *«viveuse»,* su actitud sería aplicación del *«habere, non haberi»,* poseer, no ser poseído.

Pero F. no es una *«viveuse».* ¿O sí? Es una duda que solo el gran paso podrá resolver. Hay argumentos clarísimos contra esta idea: en primer lugar, su educación, su seriedad interior, el sentido del valor totalitario de una persona, etcétera. Pero los hay también a favor: la tendencia que tiene a hacer esclavos (¡la anécdota de la hija de la peluquera del Gen.!), la vivacidad intelectual, el gusto por el juego, incluso el sentido del gran valor de sí misma unido a la desconfianza en la «realizabilidad» de este valor.

¿Cómo acabará F.? Dependerá, en ella más que en ninguna otra, de con quién se encuentre. En el sentido de que, cuanto más compleja es una máquina, más delicado es el sistema de sus reacciones ante un agente externo. Puede adivinarse fácilmente cómo acabará una joven normal y corriente de buena familia: podrá ser más o menos feliz o desgraciada, pero eso no cambiará nada el «sentido» de su persona, su figura social. F., no. F. podría convertirse en una dulce ama de casa, quizá juguetona o distante, del mismo modo que podría hacerse solitaria virago, o mujer escandalosa, o virgen (da igual si roja o negra).

Hasta el momento, su afirmación «el sexo no existe» —aunque habla continuamente de él— es una primera confesión de fracaso, de descontento. Es evidente que F. busca un hombre que esté a su altura, que no capitule ante ella. Pero, por ahora —«ninguno» de sus amigos excluido—, no lo ha encontrado. La desilusión se aprecia incluso en su vida familiar. Su padre es el típico hombre que claudica ante ella, y no hay nada más melancólico que el estupor que le provoca [...]. Su pena jocosa y continua es encontrar entre los recuerdos —y en el presente— un mundo de enamorados que solo piden poder entregarse, abdicar de la virilidad, serle esclavos.[1] Pero el *«impasse»* en que se encuentra es resultado de que los pocos no dispuestos a entregarse se han demostrado superficiales o violentos [...].

En esta cuestión, la figura más enigmática es la madre. Quizá F. ve en ella una prefiguración de un posible futuro tras un posible matrimonio con el *«wrong man»*. Y la madre, al no lamentarse nunca de su estado, convence sin saberlo a F. de que este es el destino natural de las mujeres casadas, lo que causa que se refuerce la decisión de F. de no entregarse jamás a un hombre. Como si dijera: «Si a mamá, que es muy buena, muy comprensiva, muy sumisa, le ha ido tan mal en su matrimonio, ¿cómo podrá irme bien a mí, que estoy convencida de ser mala, unilateral y rebelde?». Una frase sencilla pronunciada por

1 En *El oficio de vivir*, 1 de noviembre de 1940, Pavese anotó: «Fern. busca en el pobre las virtudes del rico (exquisitez, delicadeza, sociabilidad, etcétera) y en el rico las virtudes del pobre (seriedad, sencillez en lo práctico, bondad operaria, etcétera)». Fernanda Pivano nació en octubre de 1917, por lo que en momento de la carta tenía veintitrés años. Poco después publicó en Einaudi, bajo la guía de Pavese, la traducción de un libro que el escritor piamontés consideró un éxito fulgurante: *Antología de Spoon River*.

la madre una tarde me llamó la atención: «"Todos" los hombres ponen los cuernos a sus esposas». Lo decía con el tono resignado y convencido que carece, incluso, de resentimiento —así hablaba también "mi" madre—, y buena parte de la inquietud y de la disidencia nace de las plácidas y melancólicas expresiones de la madre. Como le sucede a quien se siente verdaderamente cerca de otro, F. compara todos sus proyectos de futuro con la imagen que tiene de su madre, y la conclusión es siempre deprimente.

Así nace la característica pose «activa y alocada» base del programa de actuación de F.: defensa instintiva contra la extrañeza del mundo, y especialmente del mundo masculino. Pero aquí aparece implícito un error que todos estos «mitos de la conducta» llevan consigo. A saber: F., en sustancia, intenta vivir y hacer de sí misma un personaje que encarne la posible figura del hombre que el día de mañana podría amar. Lo quisiera despreocupado, alocado, exquisito, «viril» como cree ser ella, aunque sepa que del mismo modo que las virtudes más sólidas (capacidad de sufrir, ternura, comprensión, etcétera) no le faltan a ella, tampoco le podrán íntimamente faltar a él. Por eso intenta aplacar el miedo instintivo a la gran pasión imaginando un ser para quien la gran pasión sea una virtud secreta, como lo es para ella, y cuya apariencia le resulte agradable como (sin duda) a ella le gusta una barbaridad examinarse en el espejo y superar a diario el examen de conciencia. Pues bien, el error implícito en todo ello es que F. toma como cualidades viriles lo que en ella son deliciosas e irresistibles cualidades femeninas. F. cree que los hombres hayan sido creados para la acción, e intenta imitarlos. Cree que sean seres prácticos y hábiles, e intenta imitarlos. Cree que tiendan a organizarse y a vivir «en sociedad», e intenta imitarlos. Sucede, viceversa, que los verdaderos hombres no son activos, sino contemplativos;[2] no son prácticos, sino soñadores de acciones; no son «sociales», sino —los mejores al menos—solitarios. Podrá suceder lo siguiente: que se case —lo más tarde posible— con un monigote, quizá con un águila, que no sepa qué es la soledad —virtud esencialmente masculina— y quizá por eso no repare en el tesoro que tiene en casa.

Si me he equivocado, le ruego que me perdone.

CP

---

2 En *El oficio de vivir*, el 23 de octubre de 1941, anotó: «La vida activa es virtud femenina; la contemplativa, masculina».

A una señora
[Turín,] 18 de octubre de 1941

Querida *:

En tiempos como estos, con la ira de Dios que cae sobre el mundo y con todo lo que está pasando,[3] dedicarse a lo que se dedica usted me parece imperdonable. Visto lo que usted me escribe, no veo qué pueda hacer yo por usted. Desde que me dio aquella bella noticia, que está enamorada de mí, me he explicado claramente y le he respondido que ya era suficiente. Yo «no» soy su amigo, como no soy amigo de ninguna mujer [...]. No puedo, pues, darle ningún consejo, sino que piense en lo que tiene que pensar, en sus hijos y en su marido, que tiene más problemas que pelo. Que usted me diga lo que me dice me

3   Italia había entrado en la Segunda Guerra Mundial al lado de la Alemania nazi en junio de 1940.

convence, de nuevo, de que a las mujeres hay que tratarlas a palos, y este es el consejo que, de ahora en adelante, daré a todos.

Debe entender que no hay nada más irritante que te atormenten con el amor cuando uno tiene en la cabeza todo lo contrario. En su caso, además, se dan circunstancias que claman venganza.

¿Ha quedado claro? No vuelva a escribirme, no me busque porque no me encontrará. Mejor será que piense en vivir la vida que le ha tocado, como yo vivo la mía, y absténgase de decir lo que usted llama «todo» a **. Le haría daño a él, me haría daño a mí y no cambiaría nada. El cerebro y la voluntad los tenemos precisamente para hacer que se nos pasen estos caprichos, y para pensar en cosas más serias que las fantasías que usted alimenta.

He hecho pedazos sus cartas, y le aconsejo que haga lo mismo con esta.

Pavese.[4]

4   Carta sin destinataria y de la que se conoce solo el autógrafo en el Archivio Pavese. Posiblemente no fue nunca enviada. En *El oficio...* no hay referencias a relaciones amorosas en el otoño de 1941, y la referencia más cercana es la del 5 de julio de 1941: «De las mujeres de los otros no sé qué hacer». El año 1941 lo cierra otra referencia a las relaciones con mujeres casadas: «Cuando una mujer se casa, pertenece a otro, y cuando pertenece a otro ya no hay nada que decirle».

A Fernanda Pivano, Mondoví Breo
Roma, sábado, 13 de febrero [de 1943]

Querida Fernanda:

Durante el viaje, he pensado mucho en mis cosas y me he dado cuenta de que no soy ya un jovenzuelo, porque si fuese joven habría gozado y sufrido mucho y pensado cosas hermosas y esbozado poemas. Por el contrario, he estado sólido, hermético, razonable y cortés, como antaño creía que debían ser los hombres cabales, y por eso los admiraba mucho. ¡Qué estúpido! Fernanda, me estoy haciendo viejo y, si me pongo a pensar en escribir una novela, me enfrasco en mí mismo una y otra vez incapaz de disfrutar ni de la novela ni de mí mismo. Si pienso en el amor, hago cuentas con el porvenir, pienso en la casa, en el dinero y en mis capacidades. Fernanda, soy viejo.

Es más, me siento padre. De qué o de quién no lo sé muy bien, pero me siento padre, responsable, aburrido y superado. ¡Cuán más sinvergüenza e inteligente era yo a los veinticinco años! Escribí un libro por el que nadie da un céntimo, pero que nada de lo que escriba superará.

He mandado —a mano— el Mornet a via Gioda, puede pasar a retirarlo. He escrito el contrato de *Adiós a las armas,* espero que Einaudi lo firme el martes, y entonces se lo enviaremos. (Hágame saber que ha recibido los libros franceses de Racine y Molière).

La verdad, Fernanda, es que me estoy volviendo egoísta y me duele terriblemente la vesícula. Acabaré por ir al médico: hígado, pulmones, costillas, vesícula, ¡vamos bien! Solo disfruto de los placeres de la mesa. Fernanda, se los aconsejo vivamente.

A mí, el que cuando se es joven se invente y se cree, que de viejos se encierre uno a cubierto, al calorcito, y sea padre, me convence de que la vida espiritual la condiciona la fisiología, lo que quiere decir que es un determinismo como cualquier otro. Así, que se vaya todo al infierno, quiere decir que ni queriendo se puede escribir algo bueno, ni «ser felices» en compañía.

Fernanda, soy muy infeliz. Sin embargo, la acaricio educadamente, y le ruego que agradezca a su madre el madrugón de las cinco y media, el huevo y todo lo demás.

Pavese

A Fernanda Pivano, Mondoví Breo
[Roma,] martes, 25 [de mayo de 1943]

Querida Fernanda:

Que es usted mala y egoísta lo he sabido siempre, pero yo tampoco soy manco, por lo que estoy dispuesto a correr el riesgo.

Pero hablando de cosas más decentes. ¿Ha decidido estudiar o no? Recuerde que a Roma no se viene sin saber idiomas. * será una estúpida, pero al menos tiene un marido que la hace traducir. Usted no tiene siquiera esto.

He estado con Cecchi, que ha alabado mucho la traducción de *Spoon River,*[5] por lo que es cierto que este

---

5 Emilio Cecchi era uno de los críticos literarios más influyentes. La *Antologia di Spoon River* de E. L. Masters traducida por Fernanda Pivano y publicada por Einaudi en 1943 tuvo una gran acogida. Pavese bromeó sobre el asunto en una carta de noviembre de 1947: «Aquí, la *Spoon River* se ha convertido en un éxito abrumador, casi más que Carlo Levi [*Cristo se paró en Éboli,* que fue el primer gran éxito de Einaudi en la posguerra]».

libro la hará célebre. Sepa estar a la altura, ya sabe la historia del cuervo que fue a visitar a los pavos reales con una cola falsa. Usted se parece más a un pavo real, por gracejo y hermosura, que a otras aves.

Quisiera saber quiénes son esos jóvenes desconocidos que le hacen preguntas extrañas para intimar con usted. Yo no he hecho nunca preguntas extrañas a las jóvenes, por eso las jóvenes no me han querido ni mucho ni poco. Vendrán detrás de mí cuando tenga setenta años, y entonces responderé muy a gusto: «¿Habéis visto? Haberos decidido antes».

Querida Fernanda, cuando se me rechaza en matrimonio, se tiene el deber —cuando menos— de resarcirme alcanzando un nivel cultural y dominarlo mucho mejor que yo. Que no le pase como a mí, que abrazaré a los cincuenta años a mi primer amor y los brazos caerán del cuello al pecho vacíos y exhaustos. No espere a saber leer cuando sea vieja como el cuco y para seducir a los jovencitos de nada servirá ser una refinada especialista en poesía. O, al menos, cásese con el jefe de estación y olvídese.

Sus informes de campaña nocturna son notables. ¿De verdad está tan mal su abuela? Consuele a su madre.

Aquí se vuelve a reclutar gente, y estamos siempre con el pie en el estribo. Hemos recibido la aprobación de *Adiós a las armas* y concedemos todas las prórrogas necesarias para el Diderot.[6]

Fernanda, se come poco en esta casa y, de los cinco,[7] tres tienen la tos ferina. Espero tenerla también yo y, con esta certeza, la saludo amorosamente, no sin desearme que estemos juntos, en una casita cerca del mar, ambos con la tos ferina, mientras nos damos golpecitos en la espalda y nuestros rugidos se confunden. Suyo,

Cesarino

---

6 El libro de Hemingway sufrirá el acoso del militarismo fascista y de la censura y no se publicará en Italia hasta 1949.

7 En mayo de 1943, Pavese vivía en un apartamento de Roma que compartía con otros empleados turineses de la editorial Einaudi.

A Fernanda Pivano, Mondoví Breo
[Roma,] domingo, 30 [de mayo de 1943]

Querida Fern.:

Su carta me ha conmovido mucho y, si pudiera, cogería ahora mismo el tren para demostrarle que no es cierto que la circunden solo la frialdad y la hostilidad. No entiendo cómo puede estar tan mal ahora que sabe que puede trabajar nueve horas al día y, por tanto, casi mantenerse por sí sola. ¿No había aspirado siempre a la independencia? A no ser que le ocurra como a todos: una vez conquistada, no se sabe qué hacer con ella. Volvemos a lo que siempre le he aconsejado: constrúyase una vida interior —de estudios, afectos, intereses humanos que no consten solo de «conseguirlo» sino de «ser»— y verá cómo la vida tiene un significado. Yo no he podido moverme porque ha venido la policía a visitarnos a casa y se ha quedado bastante tiempo, ya puede imaginarse los problemas: una empleada nuestra ha sido arrestada.

Querida Fern: la soledad que usted siente se cura de una manera solo, acercándose a la gente con la voluntad de «dar» en lugar de «recibir» (el mismo sermón de siempre). No es que yo desee ser aquel a quien usted deba «dar», menos si sabemos que los dones que usted podría ofrecerme no serían ahora la solución, sino que aumentarían las complicaciones. Se trata más de un problema moral que social, y usted debe empezar a trabajar, a existir, no solo para sí, sino también para alguien más, para los otros.

Mientras uno diga «estoy solo», resulto «extraño y desconocido», «siento el hielo», estará cada vez peor. «Está solo quien quiere estarlo», recuérdelo bien. Para vivir una vida plena y rica es necesario acercarse a los otros, es necesario humillarse y servir. Eso es todo.

Nuestra situación aquí es muy precaria. El patrón hace proyectos para trasladar la barraca a Piamonte, lo que no me disgustaría. Pero mientras —tira y afloja—, no hago nada y no tengo paz. Deje en paz la historia del cheque. Mejor, piense en traducir el *Adiós a las armas,* y con el cheque cómprese un patinete.

Ánimo y hasta la vista,

Pavese

A Fernanda Pivano, Mondoví Breo
[Roma,] viernes, 4 [de junio de 1943]

Querida Fern.:

No es cierto que sean palabras existenciales. A mí la existencia me importa un comino. Son palabras de la experiencia, que cuenta mucho más. Por lo demás, usted no ha entendido un pimiento. Se limita a responder «¿a los otros, qué?», y luego se olvida e insiste en chorradas sobre usted y sobre sus desgracias y que la han amado demasiado y que es ingrata y que es ligera y está ofendida. Esto, en inglés, se dice *maudlin self-pity,* lloriqueos autocompasivos. Es un mal que conozco bien porque para mí ha sido una tentación continua desde hace más de treinta años. Dice que tiene veintiséis años, pero se comporta como un niño de seis. Yo iba a la era, me acercaba al estiércol y hundía los pies; entonces, decía: «Todos me huyen, estoy solo, entre la mierda, huelo mal, tengo ganas de llorar, soy un desgraciado, un estúpido, etcétera». A usted no le falta más que revolcarse en el estiércol para que la queja esté completa. Pues nada, pruebe con el estiércol, en Mondoví no le faltará, desnúdese y revuélquese. ¿Ha entendido el símbolo? Pero recuerde una cosa, yo, en el peor momento de mi masoquismo, decía: «Llegará un día en que me los comeré a todos, que seré un gran hombre, que haré esto, que haré aquello, etcétera». Entre una cosa y otra, uno puede salvarse. Tendrá derecho a la queja cuando haya hecho algo; hasta entonces, no, porque no lo habrá intentado. Y si le aconsejaba «dar» en lugar de «pedir» era porque la mejor prueba de que algún valor tenemos es haber hecho algo por los demás, exactamente por aquellos que usted ignora por loca bestialidad. Se intuye, así a primera vista, que los otros no existen siquiera, pero es preciso darse porque esta es la única manera de hacer que existan. Y, entonces, ya no se está solo; entonces, uno vale tanto como se ha dado. Darse, ¿cómo?

«Darse» quiere decir «respetarse» a sí mismo, sobre todo esto; es decir: trabajar para aumentar las propias capacidades, el propio valor, las propias alma y cultura, para que «sirvan» para algo. Darse quiere decir no tener tiempo de mirar el pasado y, por tanto, no lamentarse. Me hace gracia, con estos veintiséis años. Puede comenzarse a los cuarenta. Usted piensa en la edad únicamente porque está prisionera de su vieja *«forma mentis»* que juzga a las jóvenes por su rendimiento sexual y, por tanto, considera que lo mejor ya ha pasado a los veintiséis años. Tontadas.

Y olvídese también de esta historia, basta. Hágase desvirgar por el primer musculoso que encuentre y luego verá las cosas con ojos más claros. Es un consejo desinteresado que le doy. Y a propósito de piernas, ni de broma diga que se las rompería, porque cuando son bonitas como las suyas, es un crimen.

Nada le escribo y le digo de lo que hago y de quien frecuento porque, al fin y al cabo, a usted no le importan los demás.

¡Refunfuñón!

Pavese

A Fernanda Pivano, Mondoví Breo
[Roma,] 21 de julio [de 1943]

Querida Fern.:

Decidido, volvemos a Turín. En una semana llegamos allí con los archivos. Todo cambia y seremos felices (yo al menos).

Su viaje a Roma ha resultado hermoso y terrible. Se lo ruego (no hago con frecuencia estos ruegos): en el futuro, ahórreme semejante cantidad de ocupaciones. Haga una sola cosa a la vez y prohíba a su madre que la acompañe.

Espero que el viaje haya ido bien. Yo, hoy que escribo a la una del mediodía, no he comido todavía —estamos en alerta aérea continua—, y estoy a punto de desmayarme. Paciencia.

Supongo que no habrá comprendido nada de las explicaciones que le di sobre el amor pasado y el futuro. Quería decir esto: en el 40 sentía por usted un entusiasmo estético (de ahí los poemas) que, forzado, transformé en inclinación moral (de aquí la novelita sobre *La playa*).[8] Ahora me interesa, y sueño, no su belleza (que sigue siendo notable, véase el cambio de algunas noticias), sino su vivacidad moral, que deja mucho que desear (de ahí los sermones). Creo esencial para su paz y riqueza personal que se libere del egoísmo familiar (incluso * es en esencia una egoísta, que se ha creado un ambiente idóneo con usted y no quiere perder a ningún coste) y aléjese de comportamientos que quizá (no lo sé) le quedaban bien en otros tiempos pero que ahora son, peor que ridículos, trágicos.

Yo la quiero mucho (créalo), pero la rechazaría horrorizado y fastidiado si, antes, no cambiara. Esto es todo.

Hasta pronto. Le acaricio el codo. Suyo,

Pavese

8   Pavese dedicó a Pivano tres poemas de *Trabajar cansa* (1943) y la novela *La playa* (1942). Por su parte, *Feria de agosto* (1946) lleva como epígrafe las dos fechas en las que Pivano rechazó las propuestas matrimoniales de Pavese: «En la memoria †, 26 de julio de 1940, 10 de julio de 1945».

A Fernanda Pivano, Turín
Roma, 2 de febrero de 1946

Cortado definitivamente el cordón umbilical. El prefacio es bueno y «tiene estilo», el juicio no es solo mío.[9] El maestro ya ha hecho todo lo que tenía que hacer.

Como simple corrector, espera el original con el texto para una última revisión. Y, después, buena suerte en los mares de la vida.

Pavese

---

9   Pivano escribió el prólogo a Sherwood Anderson, *Storia di me e dei miei racconti,* Turín, Einaudi, 1947.

A una amiga[10]
[Turín,] 25 de noviembre [de 1945]

Bianca:

Ya sé el nombre de mi mal. Orgullo, se llama; y puede ser curado. Yo no soy sensual, no soy avaro, solo soy orgulloso. Tú tienes algo de responsabilidad en mis últimas explosiones de orgullo, porque en el pasado no me has humillado; es más, siempre has ensalzado mi inteligencia y mi persona, mi importancia.

Solo ayer noche, por varias razones de causa mayor, has sido, en este aspecto, mi amiga. Me has dicho que soy tortuoso, que te pongo trampas, me has dicho que nada de lo nuestro merecía salvarse. B., esta frase la he llevado dentro toda la noche (también

10 En el epistolario de 1966 se omitió el nombre de la destinataria. Para particulares sobre esta carta, *cfr.* Pavese y Garufi [2011:14-19].

yo me comunico) y al final me ha hecho escribir. He intentado comprender si esta frase es tan terrible para mí porque me hiere el orgullo y, sí, también. Pero, ante todo, creo que es intolerable porque no es cierta, porque destruye excesivamente algunas cosas. Déjame en paz a mí y deja en paz mis problemas, pero tú también formas parte de este «entre nosotros» y aportas valores que son algo más que pasión. B., nadie mejor que yo sabe cuán estéril y vana es una pasión, por eso te dije ayer que intentaras leer mi diario y, al negarte, me he sentido despechado como autor. Pero esto ha sido, hasta ahora, un modo instintivo de aferrarme a una persona y a sus cosas, como quien se ahoga se agarra al cuello del otro. He mirado siempre más allá. La pasión ha sido siempre solo «una condición» impuesta por el orgullo, pero la intención era otra. Era un valor objetivo, un bien, que expresaba —de nuevo orgullosamente— con las imágenes de «la carne y la sangre», de la monogamia, del absoluto, pero que en sustancia quería decir elección de otra persona, materialidad y realidad de esta persona, primer paso para respetarla. Ha sido siempre amor equivocado, no ausencia de amor.

Bromeando a veces, he dicho que soy católico, pues bien, esto es ser católico (o cristiano, si quieres). Creer en las almas de los demás y respetarlas. He sido sacrílego, homicida, explotador, insidiador de almas ajenas, pero he sabido siempre que hacía el mal. Me propongo no volver a hacerlo.

Me propongo no beber de manera dramática y no darme contra la pared. En este aspecto, la de ayer noche fue una gran victoria: yo no quería decirte que pensaba irme a Turín, quería huir para impresionarte. Por el contrario, te lo he dicho. Hoy te digo que, ya en Turín, quería despedirme de la editorial para impresionarte, pero no lo haré.

Si no contamos los días dulces (demasiado) de los primeros momentos de relación —el idilio—, ayer fue, en cierto sentido, el primer día del verdadero «entre nosotros». Piensa, ¿qué pasó? Pasó que te hablé sin orgullo. Comencé con la media idea de ser duro y claro, ¿y entonces? Entonces, que hiciste que mirara a la cara a mi alma. ¿Cómo, B., podíamos creer ilusos que entre nosotros existiese algo antes de que descubriéramos todo de lo que nos avergonzamos? Lo dijiste tú, hace poco, que es necesario saberlo todo, que solo entonces tiene sentido el afecto. Así, ¿el apresurado conocimiento que tenemos el uno del otro ha de bastar para liquidarnos? O hemos descubierto que somos antípodas. ¿Y?

Estoy profundamente convencido de que nos hemos buscado «porque» somos diferentes. En un mes hemos enucleado nuestra desemejanza, la hemos clasificado: ayer noche se produjo la crisis de nuestra reacción recíproca al contacto (chisporroteábamos como dos ácidos), ¿dónde está el problema? Creo, B., que ahora pueda comenzar el trabajo de adaptación y de reencuentro de un verdadero «entre nosotros». Quizá no será erótico (y me entran ganas de llorar), quizá no será laboral. ¿Será epistolar? ¿Será fraternal? No lo sé.

La estúpida frase «no acabará en un alejamiento que acabará en amistad» la he superado porque he resistido la tentación de salir dando un portazo, que es lo que había hecho siempre. En cierto modo, contigo, de nada sirve el portazo, no significa nada, me avergüenza y me siento de repente estúpidamente orgulloso. B., un día te dije que «jamás me comportaré ante ti como un vil»; creo hoy que sería vil si rompiera contigo únicamente porque temo quemarme las alas y hacerte sufrir. «No» me quemaré las alas y tú, por mi culpa, «no» sufrirás más. Esto, vaya como vaya todo, sea que abandone la editorial y Roma, sea que me quede.

B., te confesaré ahora otras vergüenzas mías:

—Sigo con la intención de casarme contigo. Cuando te me mostraba desesperado era para llamar la atención.

—El placer más delirante que conozco es el de ser compadecido.

—Para «sentir» la política debo hacer un esfuerzo.

—Me doy aires con todos de que no me doy aires.

—Cuando te dije «todos tenemos nuestras tisis», pensaba llamar tu atención más que con cualquier otra frase.

—Hubo una interrupción putañera a los cinco años de castidad caballeresca de la que me vanaglorio. Confesándolo, me halagaba que «una» interrupción así confesada llamara más la atención que ninguna.

—Finjo ser simple.

—Me gusta el dinero.

—Me avergüenzo de mi primo estanquero.

—Me masturbé mucho, unos años.

B., ¿no me quieres en absoluto? He pensado toda la noche si era cierto que soy completamente incapaz de querer, como me dijiste ayer, y algo he encontrado. B., mi hermana; quiero mucho a mi hermana porque no habla nunca, porque ha sido más guapa que yo, porque sé que la han desilusionado y herido las cosas que más le interesan (la casa, las niñas, la vida), porque tiene las manos ajadas de trabajar, porque se levanta a diario al alba y va a la iglesia, pero no es creyente, pero se abandona un instante y lo tiene como un deber, una cosa rígida y justa que hay que hacer. Sí, a ella la quiero mucho, B.; y cuando pienso en ella me gustaría mandarle dinero, escribirle esas cosas que no sabemos escribirnos, consolarla.

B., ¿puedes creerme? Los días pasados, mientras llorabas, sentía por ti la misma sorda irritación que siento por Maria cuando la veo obcecarse por sufrir estúpidamente (como sabe hacer ella) por todo, y la misma impotencia sufrida, y la necesidad de mandarte dinero, de escribirte, de entender por qué sufres, de darte sangre. B., ¿quieres la sangre de la humillación que de ahora en adelante buscaré como un monje? Para vencer el orgullo adoptaré una regla, con la que controlaré especialmente los pensamientos. El único orgullo que mantendré será el de esperar haberlo conseguido. Es posible que tengas razón cuando dices que no encontraré nunca «ni la carne ni la sangre», pero te equivocas cuando dices que no sabré convertirme en lo que quieres. Debo intentarlo, porque «no quiero» que nuestra historia se parezca a otras que he arruinado.

Dime cómo se hace. Yo te seguiré como se sigue una norma, por mucho que me cueste.

Cesare.

[P. S.:] Mira, la idea de la mudanza es absurda. Ayer vino bien porque debíamos hacer algo pronto (no habiendo manera de que yo pudiera partir), pero hoy es inútil, fastidiosa y, sobre todo, comprometedora. Déjame esperar tus decisiones —y las nuestras— aquí. Hasta la vista, hoy mismo.

A Bianca Garufi, Colonia Arnaldi, Uscio
[Roma,] 26 de febrero [de 1946]

Querida Bianca:

Sabes perfectamente que, cuando escribo cartas, maltrato. Es el resultado de la fusión entre realismo americano y la *«mitopeia»* prehomérica. Soy maleducado e impaciente. ¿No te he contado que cuando voy por la acera, si un paseante se me para de golpe delante y me cierra el paso me vienen ganas de estrangularlo? No hay nada que hacer. Mis virtudes —si las tengo— tienen las mismas raíces que esta ferocidad.

Ahora haremos copia y luego te la mandaré. ¿Qué me puede importar que no traduzcas si escribes buenos cuentos? La objeción que pongo a tu no traducir es otra: de este modo, confirmas el mal camino que es empezar un trabajo y, al poco, abandonarlo, *more solito*. Puedes decir que soy un pedante, y hosco, y antipático, que no te quiero; no me importa. Cuando me prohíben ser padre de hijos, me convierto en padre espiritual, y nadie escapa. Y estate atenta, que será difícil que te den traducciones del francés.

Espero a haberlo recibido para pronunciarme sobre el séptimo capítulo.[11] Tal y como lo describes parece muy sugestivo, aunque la idea de hacer que se acuesten enseguida los novios no me convence. Veremos.

Esta mañana te he mandado otro dialoguillo, En familia, que creo que te gustará. Aparece el consabido problema de la mujer fatal, pero ironizado.[12]

Iré con mucho gusto (y con la muerte en el corazón) a buscar a tu casa los libros que olvidaste. ¿No habías cerrado todo con llave, e invocado las leyes?

Adiós, malvada.

---

11   Garufi trabajaba en la redacción romana de Einaudi. Ella y Pavese escribieron una novela a cuatro manos, un capítulo alterno cada uno. Apareció entre los papeles de Pavese y se publicó póstuma en Turín, Einaudi, 1959, con el título *Fuoco grande*. A propósito de la novela y de las desavenencias personales que se mezclaron en la redacción, Pavese le escribió a Garufi en marzo de 1946 que era preferible evitarle a la novela «el posible antipático carácter de doble biografía: el nuestro es un trabajo que tiende al arte, no al desfogue».

12   Se trata del vigésimo de los *Diálogos con Leucó* [2019:145-150], que Pavese dedicó a Garufi.

A Bianca Garufi, Colonia Arnaldi, Uscio
[Roma, a finales de febrero de 1946]

Querida Bianca:

Recibo finalmente el séptimo capítulo y tu triste carta.

El capítulo lo he leído deprisa y corriendo, y no sé por qué lo vilipendias. Pospongo a cuando medite el octavo la cuestión de si todos los hechos concuerdan (creo que sí). Creo que, de entre todos los que has martilleado hasta ahora, es el que tiene un estilo más enérgico. Personas quemadas, el silencio de descuartizar y degollar, Silvia que muere con el niño, son cosas importantes. No sé todavía cómo justificaré el canibalismo de Giovanni, ya veremos.

Ahora estoy excesivamente obsesionado con la «revelación» personal que hay en el capítulo que has escrito: las cosas feroces que la estólida ferocidad de

Silvia me hace hacer. Sabía de sobras, cuando me embarcaba en este libro, que la historia iba a aflorar todo el pus que llevamos dentro, y no asustan las palabras, pero sé también que estas palabras expresan un subconsciente que ha tenido para nosotros, y que tiene, un significado no solo literario. Añade a esto tu carta, el desamarrar del todo esta larva de vida romana que hemos vivido. Todo eso es atroz.

Pavese

Querida Bianca:

Las «colonias de salud» causan los consabidos efectos: solo se habla de enfermedades. Ahora tienes sinovitis. Dicen que es cosa gravísima. A fin de cuentas, prefiero esto que la depresión psíquica. Si sirviese, al menos, para hacer que escribieras.

Yo, aquí, vivo solo y trágicamente. Con la facilidad que tienes para hacer amistad incluso con las escobas, no puedes hacerte una idea de lo que significa estar solo «todas» las noches. Pero me he acostumbrado y, después de todo, mi papel en el mundo es el de escritor; escribiré.

Sé perfectamente que la estancia en Milán —rodilla o no— implicará tu inserción en un nuevo círculo vital. Lo que no aprecio. Prefiero siempre la exclusión, la monomanía, no la inclusión. Pero tú, mujerilmente, tiendes a componer un grupo de íntimos de entre los que elegir según los gustos y el momento. Yo vivo tras el pasamontañas con todos, incluso contigo. A alguien le enseñaré el bigote, a otros solo los ojos, pero la realidad es esta: no me fío de nadie. Hasta que llegue el día en que no me fiaré ni de mí. Entonces, paz.

He hecho todos tus encargos. Por ahora, el Gourmont no aparece. Pero Natalia ha recibido una docena de contemporáneos franceses y le hemos escrito, suplicantes (Teresa y yo), que se acuerde de esta pobrecilla.

A Bianca Garufi, Milán
[Roma,] 17 de abril de 1946

Querida Bianca:

Recibo tus cartas del 8 y del 9 con todas esas noticias y el legítimo desfogue.

Lucharemos todavía,
lucharemos siempre

decía yo a finales de aquel magnífico otoño que sabes.[13] Yo mantengo, casi siempre, mi palabra. ¿Qué quieres? ¿Que nos mimemos como dos conejos? Me

---

13 Son dos versos de Siempre vienes del mar, que forma parte del grupo de poemas que Pavese dedicó a Garufi en el otoño de 1945, *La terra e la morte.* Se publicaron el 28 de febrero de 1951 en el famoso poemario titulado *Vendrá la muerte y tendrá tus ojos,* que incluía también los poemas escritos a C. Dowling.

parece bellísimo este maltratarnos insaciable: a fin de cuentas, es sincero y productivo. Cada uno de nosotros tiene su sistema. Somos una bellísima pareja discorde y el sexo —que, después de todo, existe— se desfoga como puede.

Como te decía, estoy solo. Por añadidura, comienza la peor estación para mí (la primavera), en la que nunca he podido escribir. Soy como Tristán en el desierto, como Prosérpina en el infierno, como Giulio en Suiza.[14] Me gustaría ir por ahí con Teresa, pero ya se sabe cómo son estas cosas, y la verdad es que no me apetece discutir también con ella. Soñé siempre con convertirme en un tipo estoico, seco, impasible, y he aquí que he llegado a la cima, que soy célebre, eficiente incluso, pero ahora ya no me gusta. El otro día le expliqué a Teresa que las únicas personas con las que no se discute es con las que no se hace el amor, y ella respondió que es bonito discutir siempre que quede un recuerdo agradable. Carroña. Resistamos.

Te mando un diálogo que llevo en el bolsillo —el último—; he escrito otros antes, pero no los tengo a mano. Este es muy bonito.

Adiós, y sabe que Génova y Uscio son un gran recuerdo.

Pavese

14 Pavese ironiza sobre las «reuniones de trabajo» de Giulio Einaudi en Suiza.

Querida Connie:

Quería hacerme el duro y no escribirte enseguida, pero no serviría de nada. Sería solo una pose.

¿Te dije alguna vez que cuando era joven tuve la superstición de las «buenas acciones»? Cuando afrontaba un peligro, debía presentarme a un examen (por ejemplo), esos días intentaba no ser malo, no ofender a nadie, no ser contestatario, no tener malos pensamientos. Todo esto para no enemistarme con el destino. Pues bien, sucede que estos días me convierto en joven y corro, cierto, un gran peligro, me presento a un examen terrible, porque reparo en que no puedo ser malo, ofender a los otros, pensar pensamientos viles. Pensar en ti y tener un recuerdo, o una idea, indignos, feos, no concuerdan. Te amo.

Querida Connie: conozco bien el peso de estas palabras —horror y maravilla— y, no obstante, te las digo, casi con tranquilidad. Las he utilizado muy poco en mi vida —y tan mal— que me resultan casi nuevas.

Ahora estoy a solas con mi trabajo, con Turín, con los otros, con Ciccio y Dada.[15] No me han dicho nada, mejor así. No sé si habría sabido resistirme, no traicionarme como un niño. Ciccio y Dada son algo melancólicos, eso es todo. Ayer mandé los discos a vuestro nombre (di a Doris que he ahorrado tres mil liras).[16] Te he enviado esta mañana los libros que seleccionaste.

Amor mío, pensar que cuando leas esta carta estarás en Roma —acabados los inconvenientes y problemas del viaje—, que verás reflejada en el espejo tu sonrisa y que volverás a tus costumbres y que dormirás como una buena chica, me conmueve como si fueras mi hermana. Pero tú «no» eres mi

15   La edición de 1966 anota: «Giovanni Rubino, médico y amigo de Pavese, y su mujer Alda Grimaldi, con quienes Pavese estuvo en Roma, en Fin de Año [de 1949], cuando conoció a Constance Dowling».

16   Doris Dowling, hermana de Constance y también actriz. *Cf. infra.* Tres mil liras era lo que costaban entonces dos libros de unas doscientas páginas, en rústica.

hermana, eres algo más dulce y más terrible; solo de pensarlo me tiemblan las manos.[17]

Querida, estoy trabajando en lo tuyo. Hasta pronto.

<hr />

17 Una nota del 9 de marzo en *El oficio de vivir* resume el temblor de manos y vuelve al problema íntimo de Pavese, tan íntimo que no lo escondió: «Agitación, temblor, suspiros infinitos. ¿Posible a mi edad? No me pasaba desde hacía veinticinco años. Con todo, confío, tengo una sensación de (increíble) esperanza. ¡Es tan buena, tan calma, tan paciente!, hecha para mí; al fin y al cabo, me ha buscado. ¿Por qué no me atreví el lunes? ¿Miedo? ¿Miedo al "viernes 13", miedo a la impotencia? Un momento terrible».

A Constance Dowling, Roma
19 de marzo [de 1950]

Querida Connie:

He aquí el guion para *Dos hermanas* (lo del título es lo de menos). Es solo un esbozo, una idea. Si os parece que merece la pena, decídmelo, y seguiremos con ello. Si no os gusta, escribiré otro, hasta que encontremos algo bueno. *Life is many days.*

Creo haber sido capaz de estar atento a las formas y capacidades de ambas. Y creo haberle dado una sustancia y un significado de los que «podría» surgir algo bueno, muy teatral y elaborado, tierno y terrible, con escenas conmovedoras e importantes. Queda acabar, claro, toda la peliaguda cuestión de los diálogos y del relleno, de los pasajes y de los tipos, pero no será difícil. Para los diálogos, soy uno de los maestros del género (!). De eso de la sintaxis cinematográfica no sé nada, pero con buena voluntad todo se consigue. En esta vida he aprendido a hacer de traductor, de poeta, de crítico literario, de novelista, de corrector de pruebas, de consejero editorial, de maestro; todo cosas que a los veinte años no sabía hacer. Puedo aprender a hacer también esto. Vosotras, que habéis aprendido interpretación, baile, italiano, a bailar, a sobrevivir, no sois menos. En el fondo, la colaboración ítalo-americana no ha producido, hasta ahora, nada que valga la pena.

Me haría feliz que, con vosotras, lo consiguiera un viejo misántropo piamontés.

Y Doris, llegados a este punto, que se vaya. Adiós Doris. Quiero despedirme de Connie a solas.

...

You, dappled smile, you wind of March...[18]

---

18 Así comienza el poema To C. FROM C., uno de la serie *Vendrá la muerte y tendrá tus ojos* escrita entre el 11 de marzo y el 10 de abril de 1950 y dedicada a C. Dowling. Estos y otros poemas finales de Pavese los publicó Einaudi por primera vez el 28 de febrero de 1951.

A Constance Dowling, Roma
[Marzo de 1950]

Q[uerida] C[onnie]:

Mejor estar presente en espíritu que en carne. He aquí mi espíritu (no el santo), el espíritu de una juventud que tenía algo de bueno. Intenta olvidar mi parte inservible y léeme de vez en cuando, cuando te sientas verdaderamente sola, cuando hacerlo te pueda dar algo en lo que creer, cuando despiertes para afrontar «un nuevo día».[19]

19 En inglés en el original.

A Constance Dowling, Roma
[¿Roma, abril? de 1950]

No puedo ofrecerte joyas —mereces muchas—, pero hubo un tiempo en que se decía que la joya más preciada era un corazón sincero. Créelo.

Tuyo, envidio tu Nueva York.

Cesare

[P. S.:] Escribí lo anterior antes de nuestra última noche juntos. Ahora, algo ha cambiado. Quizá vuelvas, y yo lo agradeceré «a los dioses, sean quienes sean». Querida.

A Constance Dowling
[¿Abril de? 1950]

Conocí días en los que haber escrito un libro como
este hubiera significado algo. A ti, querida.[20]

20   Posiblemente una dedicatoria a Dowling para insertar en
un ejemplar de *La luna y las fogatas* a ella dedicado.

A Constance Dowling
[Turín,] 17 de abril [de 1950]

Queridísima:

Ya no tengo ánimos para escribir poesía. La poesía vino contigo y contigo se fue. Este poema lo escribí hace algunas tardes, en las largas horas de hotel en las que esperaba, con dudas, llamarte. Perdóname la tristeza, pero estaba triste «incluso» contigo. ¿Ves? Comencé con un poema en inglés y he acabado con otro. Hay en ellos la grandeza de todo lo que he experimentado estos meses, el «horror y la maravilla».

Queridísima, no te preocupes si hablo siempre de sentimientos que no puedes compartir; cuando menos, puedes entenderlos. Quiero que sepas que te estoy agradecido de todo corazón. Los pocos días maravillosos que he compartido contigo han sido —quizá— demasiado para mí. Bien, son el pasado, ahora comienza el horror, el horror desnudo, y estoy preparado. La puerta de la cárcel ha dado un portazo de nuevo.

Queridísima, no volverás a mí, aunque vuelvas a poner los pies en Italia. Ambos tenemos cosas que hacer en esta vida que hacen improbable que nos encontremos de nuevo, dejemos aparte lo de casarnos, algo que he esperado desesperadamente. La felicidad tiene ahora nombre de Joe, Harry o Johnny, no de Cesare.

¿Podrás creer —ahora que ya no puedes sospechar que yo haga teatro con la intención de liarte— que esta noche he llorado como un niño mientras pensaba en mi destino, y en el tuyo, pobre mujer fuerte, lista, en desesperada lucha con la vida?

Si alguna vez dije o hice algo que te desagradó, perdóname, queridísima. Te perdono toda esta pena que me roe el corazón, sí, le doy la bienvenida. Esta pena eres tú, es el horror y la maravilla que hay en ti.

Cara de primavera, adiós. Te deseo mucha suerte en la vida y un feliz matrimonio, sí.

Recibirás a tiempo *La luna y las fogatas*. Quizá te espere ya en North Vista Avenue. Me alegra mucho que aparezca tu nombre.[21] Recuerda que escribí el libro

---

21 Pavese dedicó su última novela, *La luna y las fogatas,* a C. Dowling. Antes, le había dedicado algunos poemas en inglés aparecidos en *Vendrá la muerte y tendrá tus ojos,* Turín, Einaudi, 1951, a los que se hace referencia en la carta XVIII, del 19 de marzo de 1950 (pp. 65-66).

—todo— antes de conocerte. En cierto modo, sentí que estabas al llegar. ¿No ha sido maravilloso?

Cara de primavera, de ti, yo amaba todo, no solo tu belleza —lo que no es demasiado difícil— sino también tu fealdad, tus malos momentos, tu *tache noir,* tu rostro oscuro. Y, no obstante, te compadezco y te lloro, no lo olvides.

A una joven, Bocca di Magra
[Bocca di Magra, agosto de 1950]

Querida Pierina:[22]

Al final te he dado este desplacer, o todas estas molestias, pero créeme: no podía hacer nada. La razón inmediata es el inconveniente habitual en estas carreras, porque como no bailo y no conduzco, soy siempre el perdedor. Pero hay una razón más profunda y verdadera. Estoy, como se dice, a las últimas de la vela. Pierina, me gustaría ser tu hermano, en primer lugar porque, así, entre nosotros habría un vínculo no fútil; después, porque tú podrías escucharme y creerme con confianza. Si me

22   Romilda Bollati di Saint Pierre (1932-2014). En 1998, María Corti confirmó que Bollati (a la sazón hermana de uno de los editores de Einaudi, Giulio Bollati) le hizo entrega de los originales de las cartas y notas que le envió Pavese en 1950.

73

he enamorado de ti no ha sido solo, como se dice, porque te desease, sino porque somos de la misma pasta, y te mueves y hablas como hombre, como haría yo si, en lugar de haber aprendido a escribir, hubiese tenido tiempo de aprender a moverme por el mundo. Por lo demás, hay idéntica elegancia y seguridad en lo que yo he escrito y en cómo tú pasas los días. Así pues, sé de qué hablo.

Pero tú, por muy seca y casi cínica que seas, no estás a las últimas de la vela, como yo. Tú eres joven, increíblemente joven; eres lo que yo era con veintiocho años cuando, decidido a suicidarme por no sé qué desilusión, no lo hice —tenía curiosidad por el día siguiente, por mí mismo—. La vida me parecía horrible, pero todavía me encontraba interesante a mí mismo. Ahora es al revés: sé que la vida es estupenda pero que yo me he quedado al margen —por méritos propios—, y que esta es una tragedia fútil, como ser diabético o sufrir el cáncer de los fumadores.

¿Puedo decirte, amor mío, que no me he despertado nunca con una mujer al lado, que a quien he amado no me ha tomado nunca en serio, y que nunca he recibido la mirada de reconocimiento que una mujer dirige a un hombre? ¿Puedo recordarte que, por razón del trabajo que hago, he estado siempre con los nervios de punta y con la fantasía pronta y precisa, y con el gusto por las confidencias ajenas?, ¿que estoy en este mundo desde hace cuarenta y dos años? No se puede encender la vela por los dos cabos; en mi caso ha ardido completamente solo por una punta, y las cenizas que ha dejado son los libros que he escrito.[23]

Todo, todo te lo digo no para moverte la piedad —sé cuánto vale la piedad, en estos casos—, sino por aclarar las cosas, para que no creas que cuando me veías mohíno lo estuviese por *sport* o por hacerme el interesante. No me interesa la política. El amor es como la gracia divina: de nada sirve la astucia. Yo te quiero mucho, Pierina, te quiero un montón, Llamémosle el último destello de la candela.

No sé si nos volveremos a ver. Me gustaría —en el fondo es lo que más deseo—, pero me pregunto a menudo qué te aconsejaría si fuera tu hermano. Por desgracia, no lo soy.

Amor,

Pav.

---

23 Una explicación a los desamores de esta carta aparece en el *Diario*, 14 de agosto de 1950, con una nota aclaratoria en la edición del mismo, *El oficio de vivir* [2024].

A Bona Alterocca, Turín
[Turín,] 23 de agosto [de 1950]

Querida Alterocca:[24]

No. Tengo otras cosas en la cabeza. Es necesaria una cura de silencio. Lo siento, pero si de algo sé, es de esto.

Pavese.

---

24   Las cuatro notas breves con las que acabamos este epistolario de desamor no tienen que ver con el amor, sino con la despedida, huraña, de Pavese; es decir, con el desamor no hacia el amor, sino hacia la vida y la literatura.

A Franca Violani Cancogni, Roma
Turín, 25 de agosto de 1950

Muy Señora Mía:

Que Einaudi no pague no es una novedad. La próxima vez, haga que le paguen por adelantado; es la única manera.

He recibido su *, pero no sé qué hacer con él. A mí, este tipo de poesía me desagrada profundamente, por lo que impondría un impuesto de cien mil liras por verso escrito, pagaderas con trabajos forzados.

Le devuelvo el manuscrito. Si lo cree oportuno, envíelo a Muscetta (via Uffici del Vicario) que por lo que parece dirigirá una colección de poesía.

Cordialmente.

A Giuseppe Vaudagna, Turín
Agosto, viernes, Turín,
sello postal del [25 de agosto de 1950]

Querido Giuseppe:

¿Qué es toda esta histeria? Lamento haber hablado «oscuramente» con Adele, pero sucede —sencillamente— que tengo el alma destrozada por cosas mías, estoy hundido y pagaría su peso en oro a un asesino que me acuchillase mientras duermo. Evidentemente, todo eso se me nota en la voz.

No busco consuelo. No tengo ganas ni ánimo. Sigo adelante por mi cuenta, y espero que todo acabe pronto.

Te estoy agradecido y agradezco y reconozco tu interés y tus quejas.

No le des más vueltas. Adiós,

Pavese

A Mario Motta, Roma
[Turín,] 26 de agosto [de 1950]

Querido Motta:

No hacen falta las notas a pie de página. Me fío de tus galeradas. Lo de Fortini, publícalo, no tengo intención de contestarle.

¿Quién «ha vuelto»? ¿La americana? Tengo otras cosas en las que pensar.

Adiós,

Pavese.